Hardanger
Durchbruch-Stickerei

Eva-Maria Leszner

Hardanger

Durchbruch-Stickerei

Otto Maier Verlag Ravensburg

Originalausgabe

Illustrationen: Unter Verwendung von Vorlagen von DMC
Umschlagentwurf: Graphisches Atelier Otto Maier Verlag
Satz: H. Ruderer, Grünkraut
Druck und Verarbeitung: Ebner Ulm
Printed in Germany

88 87 86 5 4 3

ISBN 3-473-43183-4

Einleitung

Hardanger ist eine Leinenstickerei ganz besonderen Charakters, ein doppelter Durchbruch, der mit anderen Zierstichen wie Plattstich, Kreuzstich, Zopfstich und Festonstich zu bezaubernden geometrischen Mustern kombiniert wird. Charakteristisch für diese Technik sind die genau gearbeiteten Plattstichblöcke, die die Umrisse der Durchbruchmotive bilden. Beim doppelten Durchbruch werden Fäden sowohl senkrecht als auch waagerecht gezogen. Durch Bündeln, Teilen und Umsticken der stehengebliebenen Fäden (Stege) ergibt sich eine Fülle verschiedenartigster Muster. Offene Flächen werden zusätzlich durch Spinnen oder andere Fadengerüste wieder geschlossen.

Der Name kommt von *Hardanger*, einer malerischen Landschaft im Südwesten Norwegens, am Hardanger Fjord. Liebliche, fruchtbare Gartenlandschaft wechselt mit imposanter Gebirgswelt. Die wunderschönen, eckigen Muster wurden hier hauptsächlich für Trachtenblusen und Schürzen verwendet. Gegen Ende des vorigen, Anfang dieses Jahrhunderts kam die Hardangerstickerei auch nach Deutschland, wo diese ausdrucksvolle Sticktechnik mit den ebenmäßigen Mustern schnell in Mode kam, vor allem als Schmuck für Tischdecken, Servietten und Kissenbezüge, aber auch - wie in Norwegen - für Blusen und Schürzen. Um die Jahrhundertwende waren Decken mit gezackten Rändern und/oder langen Troddeln besonders beliebt. Heute bevorzugen wir schlichte, *klassische* gerade Abschlüsse. In diesem Fall rückt das Muster mit gut ausgearbeiteten Eckbildungen mehr in den Vordergrund.
Die Technik - doppelter Durchbruch kombiniert mit Füllstichen - ist - wie fast alle unsere Handarbeitstechniken - orientalischen Ursprungs. Die frühesten uns bekannten Muster dieser Art sind im 7. Jahrhundert in Persien entstanden. Aus Südeuropa und dem Orient stammen Arbeiten, die unter den Bezeichnungen *„Toledo-Durchbruch“* (Spanien), ungarische-, rumänische- oder persische Durchbruchstickerei bekannt sind. Sie unterscheiden sich von den norwegischen Arbeiten vor allem dadurch, daß sie vielfarbig bunt gestickt werden, während die *echten* Hardangerarbeiten Ton-in-Ton, meist weiß auf weiß, gestickt sind. Auf den Seiten 106–109 zeige ich zum Vergleich Muster aus Ungarn und Rumänien.

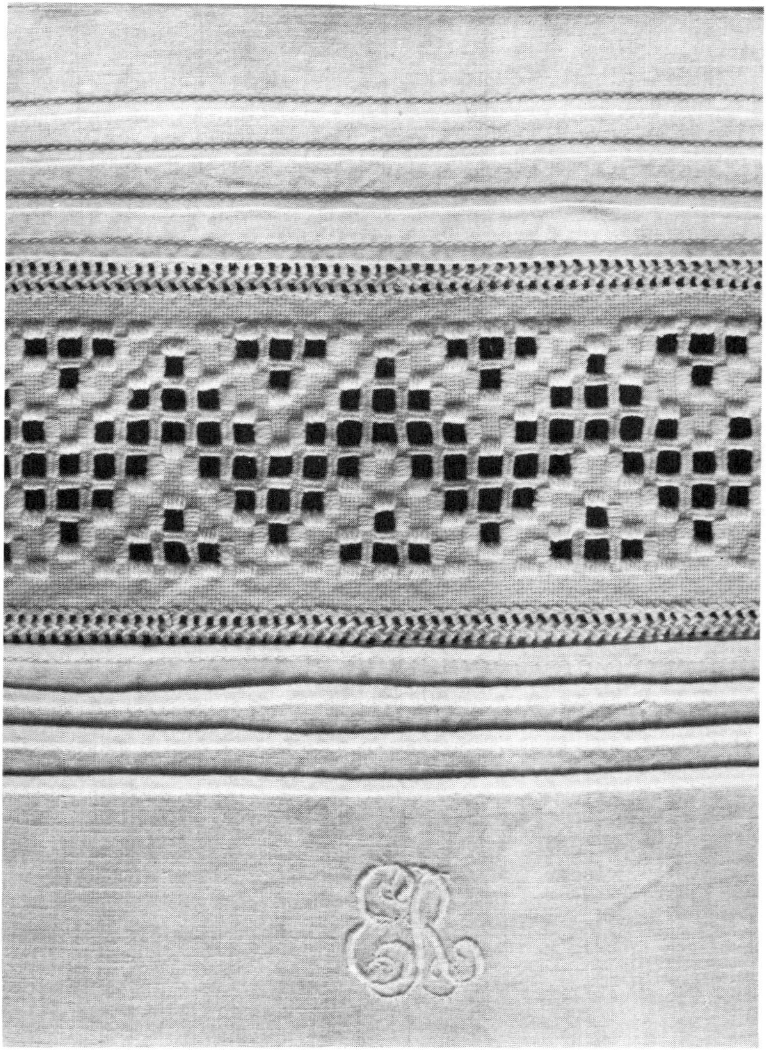

Arbeitstechnik

Hardangerstickerei wird vornehmlich auf grobgewebtem Leinen gestickt, das als *Hardangerleinen* heute nur noch von der Firma Zweigart, Sindelfingen, geliefert wird und in den meisten Handarbeitsgeschäften und Kaufhäusern erhältlich ist. Für Blusen und Schürzen ist Gminder Leinen oder Halbleinen zu empfehlen.
Hardangerstickerei wird, wie Kreuzstich, über gezählte Stofffäden gearbeitet. Darum können wir jeden Stoff mit Leinenbindung, bei dem Kett- und Schußfäden gleichmäßige Gitterkreuze bilden, mit Hardanger schmücken.
Hardangerleinen gibt es in Weiß und vielen Pastelltönen. Unabhängig von der Farbe des Stickgrundes wird mit *weißem* Perlgarn gestickt, das etwas stärker sein soll als die Gewebefäden. Nur die Durchbruchfüllungen werden mit dünnerem Perlgarn oder einem stark drellierten Faden ausgeführt.
Nachdem man sich die Motivumrisse mit Heftstichen markiert hat, stickt man mit einer feinen, stumpfen Nadel. Am besten gelingt die Arbeit im Stickrahmen, den man für das Sticken der Durchbruchfüllungen etwas lockern sollte, um ein straffes Zusammenziehen der stehengebliebenen Gewebefäden (Stege) beim Umwickeln zu ermöglichen.
Auf den nächsten 17 Seiten sind die Einfassung des Durchbruchs und die verschiedenen Möglichkeiten der Gitterfüllungen auf Abbildungen dargestellt. Die Stiche selbst sind uns allen bekannt – ebenso wie die Stiche für die Ziermuster um und neben den Durchbrüchen. Auch von einer weniger geübten Stickerin können sie leicht nachgearbeitet werden.
Zum Eingewöhnen habe ich die ersten 3 Muster mit Musterzeichnungen erläutert. Alle weiteren Abbildungen sind so stark vergrößert, daß ein Nachsticken unmittelbar vom Foto ohne Schwierigkeit möglich ist.

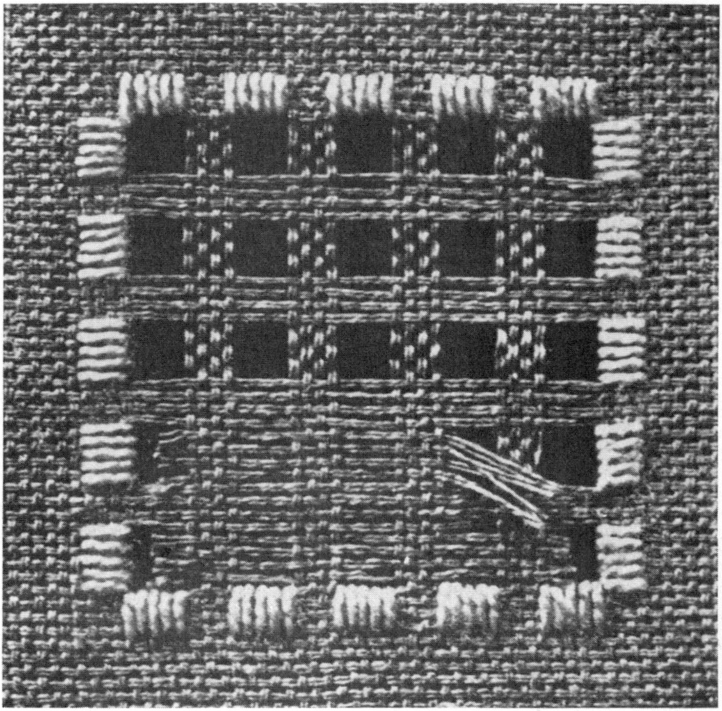

Anders als beim Hohlsaum, bei dem zuerst die Fäden gezogen und dann erst die Ränder gesichert werden, werden bei den Hardangerarbeiten *zuerst* die Einfassungen gestickt und dann erst die Fäden an der Stickkante entlang abgeschnitten, vom Rand gelockert und von der Mitte her entfernt. Zur Einfassung des Durchbruchs werden so viele Fäden überstickt, wie später ausgezogen werden. In der Abbildung z.B. sind immer 4 Fäden ausgezogen. Darum werden 5 Plattstiche – auf der Vorderseite mit dem Fadenlauf, auf der Rückseite schräg – über 4 Fäden ausgeführt. 4 Fäden bleiben stehen, die nächsten 4 Fäden werden wieder mit 5 Plattstichen überstickt usw.

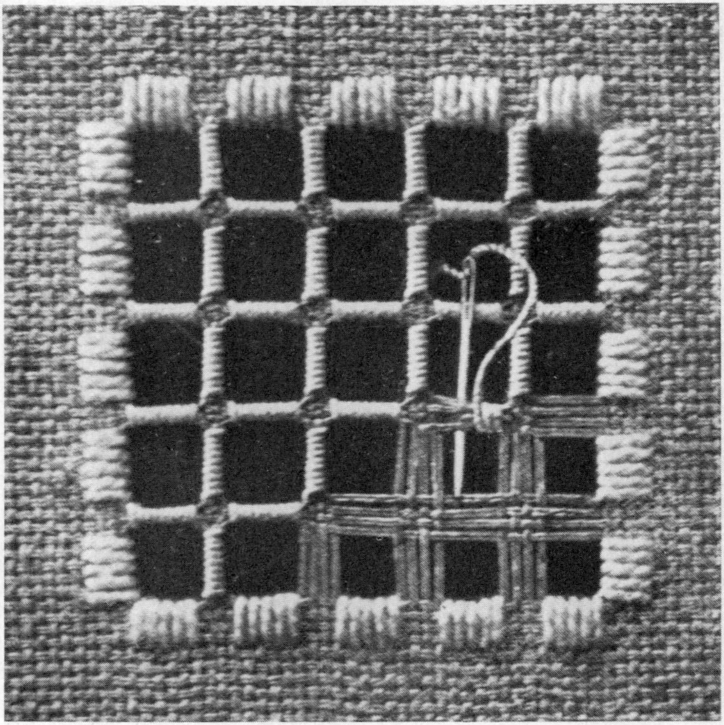

Die Gitterfäden können in 3 verschiedenen Arten zu Mustern zusammengefaßt werden: Die Gitter können entweder mit umwickelten Stegen, mit Stopfstichstegen oder mit Spitzenstichen gefüllt werden. Die obige Abbildung zeigt die einfachste Art der Gitterfüllung, den eng *umwickelten Steg* (bei 4 gezogenen Fäden wird ungefähr 7mal umwickelt). Wie die Abbildung zeigt, stickt man treppenförmig, einen waagerechten und einen senkrechten Steg. Der Übergang von einem Steg zum nächsten ist so einfacher zu arbeiten.

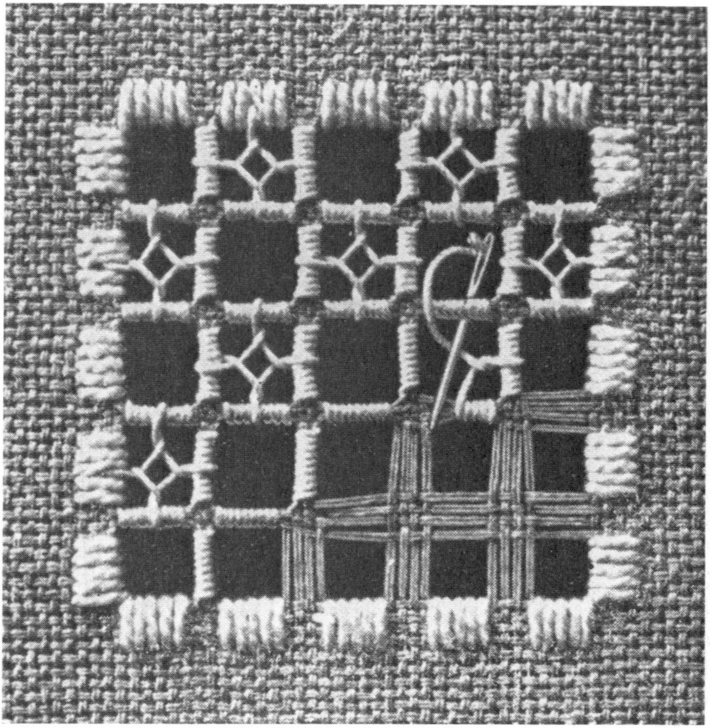

Zur Belebung einer Gitterfüllung mit umwickelten Stegen können in jedes oder in jedes zweite der Gitterlöcher Füllstiche eingearbeitet werden. Hier ist dieser Füllstich aus geraden einfach gedrehten Schlingstichen gearbeitet. Die Füllstiche werden, wie man sieht, in einem Arbeitsgang mit der Umwicklung gearbeitet.

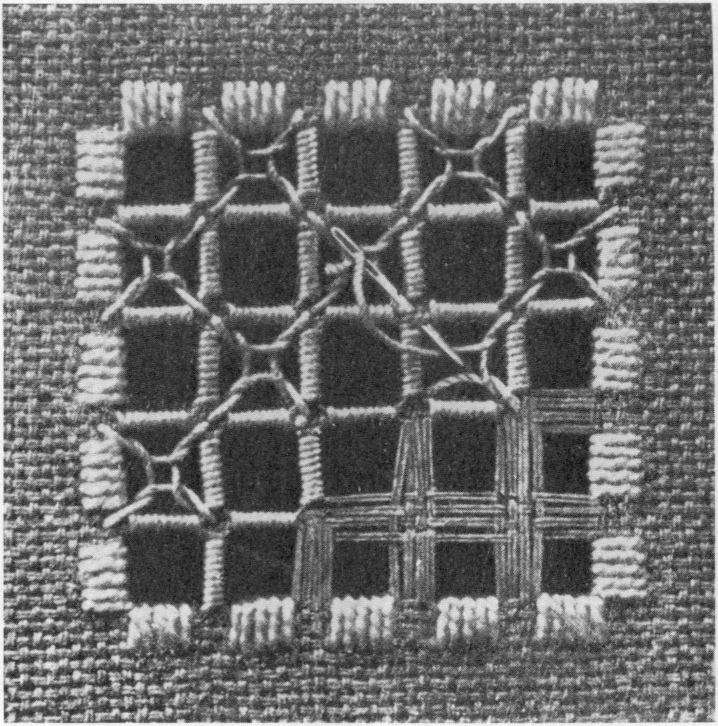

Gitterfüllung aus umwickelten Stegen mit schräg gestellten, einfach gedrehten Schlingstichen.

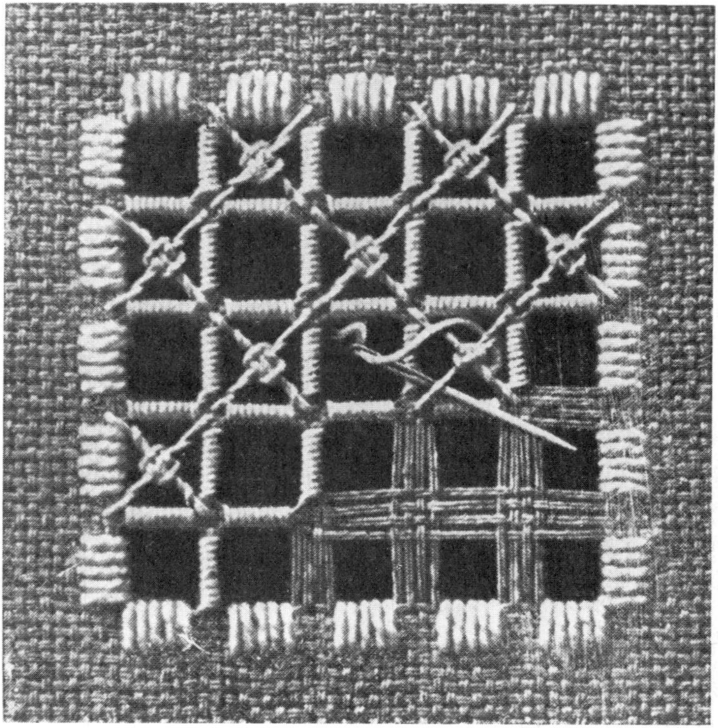

Bei diesem Füllstich wird das Schlingstichmuster (S. 12) in der Mitte ein- oder zweimal mit einem Stopfstich umstickt.

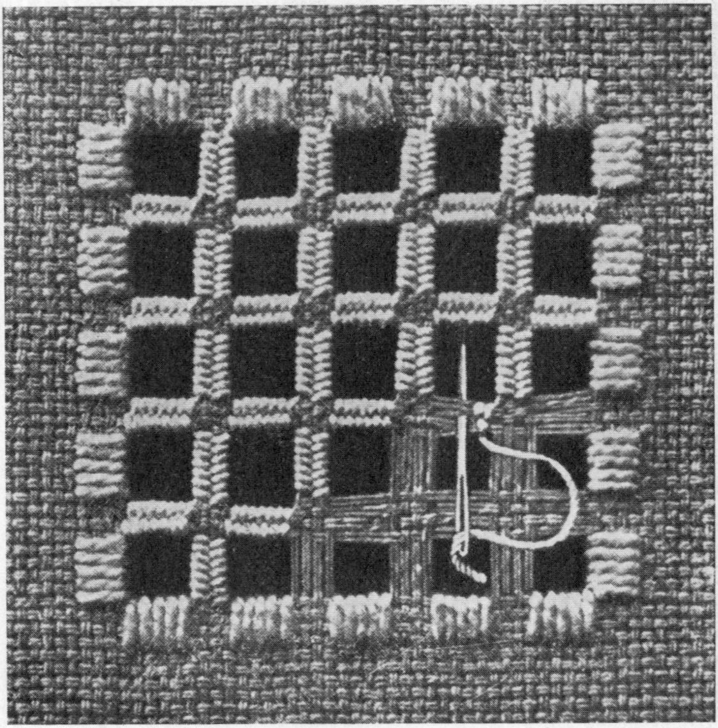

Für **Stopfstichstege** werden die Gewebefäden geteilt. Wie beim Stopfen sticht die Nadel einmal von unten, einmal von oben in die Mitte der geteilten Gewebefäden. Auch das Umstopfen muß sehr dicht ausgeführt werden. Stopfstichstege wirken immer breiter und voller als umwickelte Stege.

Eine nette, schnelle Verzierung des Stopfstichsteges ergibt sich, wenn in der Mitte des Steges auf einer oder - wie im Bild - auf beiden Seiten ein Ketten- oder Festonstich (Picot) eingearbeitet wird.

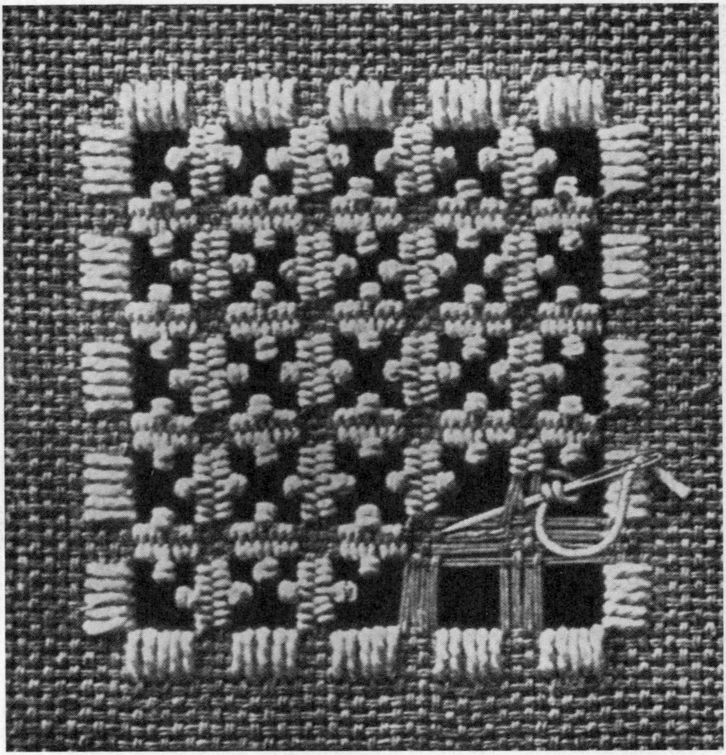

Gitterfüllung aus Stopfstichstegen mit Wickelstich-Picot, zwei- oder dreimal umwickelt.

Gitterfüllung aus Stopfstichstegen mit gerade gestellten, doppelt gedrehten Schlingstichen.

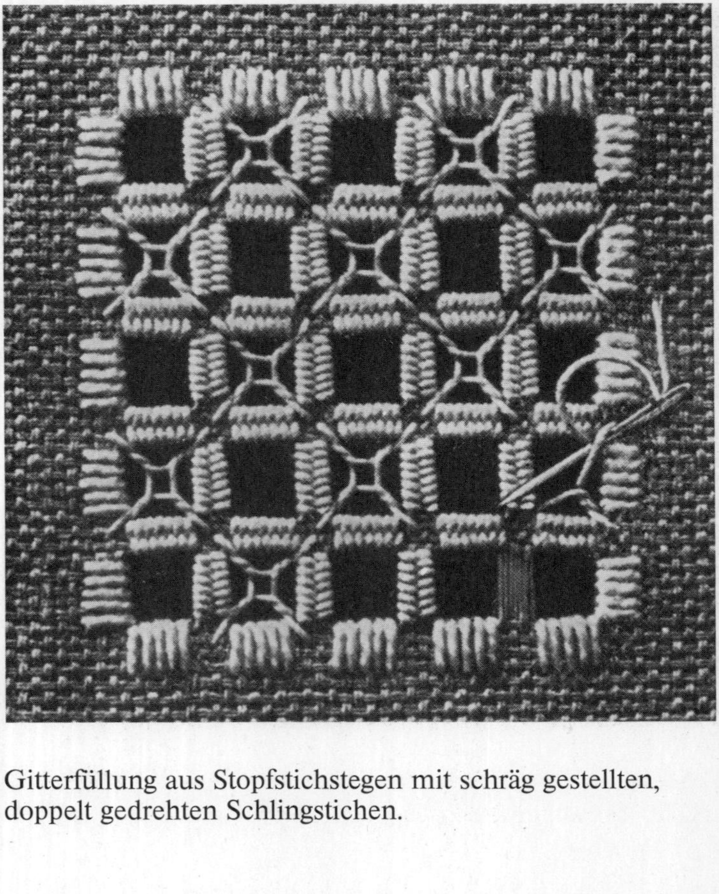

Gitterfüllung aus Stopfstichstegen mit schräg gestellten, doppelt gedrehten Schlingstichen.

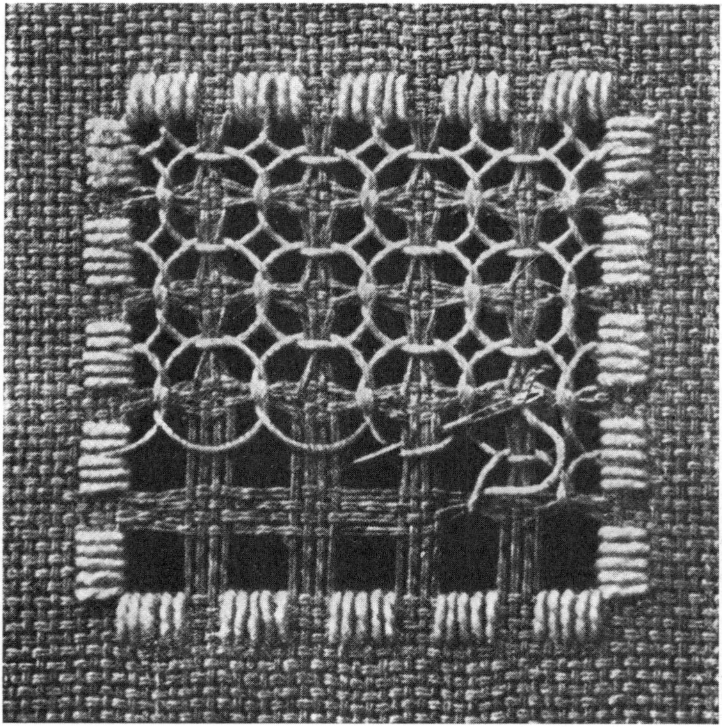

Netzartig wirkende Gitterfüllung aus in waagerechten Reihen gestickten, dicht gestellten Schlingstichen.

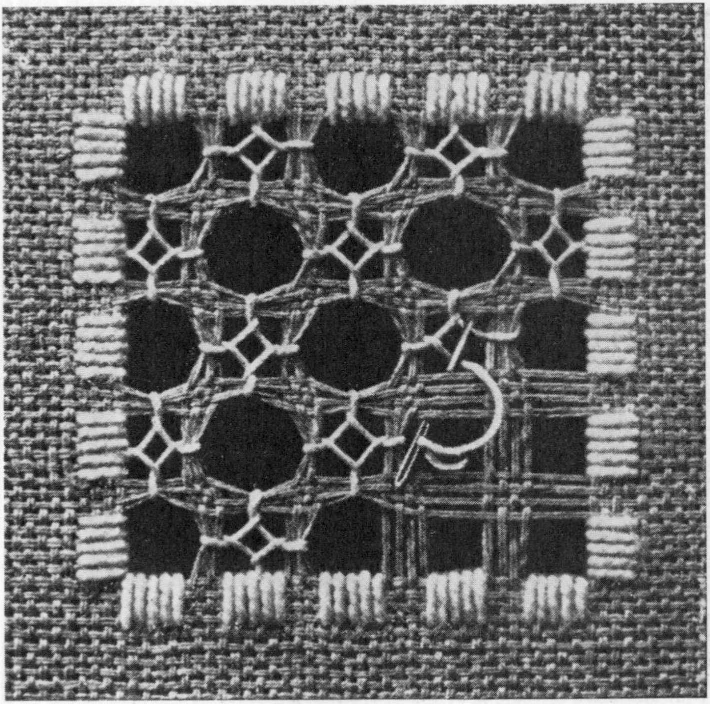

Bei Gitterfüllung aus **Spitzenstichen** (s. auch S. 11) werden die freien Fäden des Fadengitters nicht fest umwickelt oder umstopft. Deshalb sind diese Arbeiten nicht so haltbar und dauerhaft wie die vorher beschriebenen Gitterfüllungen, dafür wirken sie besonders zart und duftig. Die Gitterfüllung aus versetzt gestellten Schlingstichen wird, wie man sieht, in senkrechten, nach rechts und links gestellten Reihen gearbeitet.

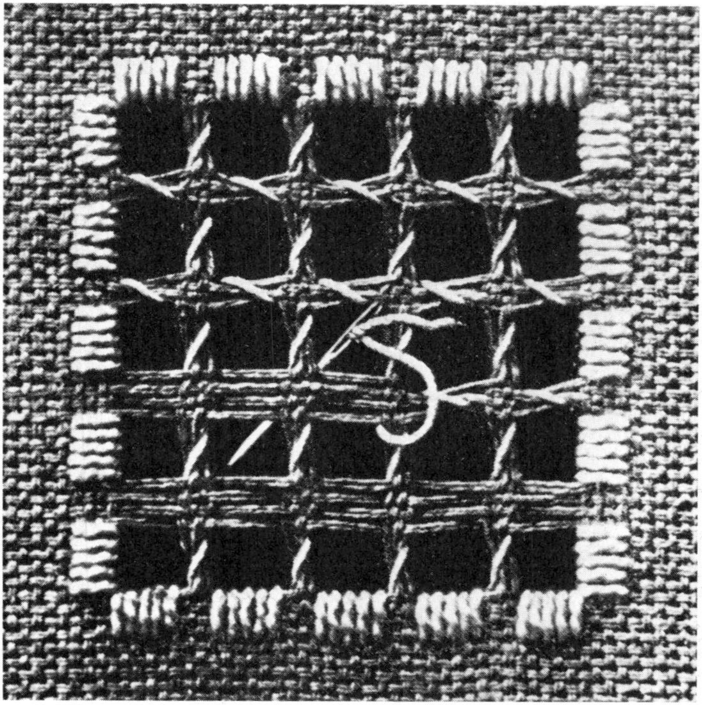

Dieser einfache, besonders schnell herzustellende Gittergrund wird erst in senkrechten, dann in waagerechten Reihen mit Überfangstichen übernäht. Die Stichfäden müssen hier sehr stramm angezogen werden. Werden größere Flächen mit diesem Stich bedeckt, so dienen einzelne kleine Figuren zur Belebung dieser Flächen (S. 54 und 55).

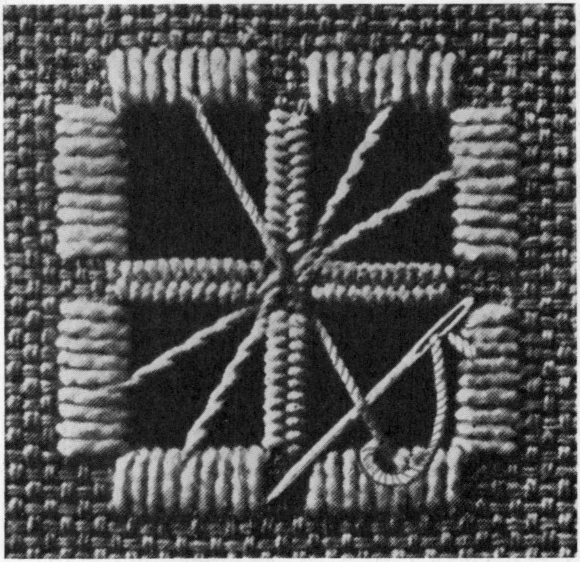

Für größere Einzelmotive werden sowohl waagerecht wie senkrecht doppelt so viele Fäden gezogen wie stehen bleiben. Die Fadenkreuze können entweder umwickelt oder überstopft werden. In den Diagonalen werden Fadenstrahlen umwickelt.

Über die Strahlen und das Fadenkreuz, das hier nicht überstopft, sondern umwickelt ist, ist hier eine Stopfstichspinne gearbeitet. Werden die Stege nicht umstopft, sondern umwickelt, ergibt sich – wie der Vergleich zeigt – ein gleichmäßigerer Strahlenkranz.

Bei diesem großen Schmuckmotiv tritt die zackenförmige Einfassung deutlicher hervor als das Muster im Inneren des Durchbruchs. Die Plattstiche der mittleren Zacken gehen über doppelt so viele Fäden wie die der anderen Zacken (8 statt 4). Es werden senkrecht und waagerecht 2 mal 8 Fäden gezogen und 4 stehengelassen. Über das umwickelte Fadenkreuz und die umschlungenen diagonalen Spannfäden wird eine Spinne gestopft, die Kanten werden zusätzlich mit Schlingstich umrandet.
Die nebenstehende Abbildung zeigt eine unvollendete Musterprobe. Auch hier ist die Plattsticheinfassung des Durchbruchs musterbildend eingesetzt.

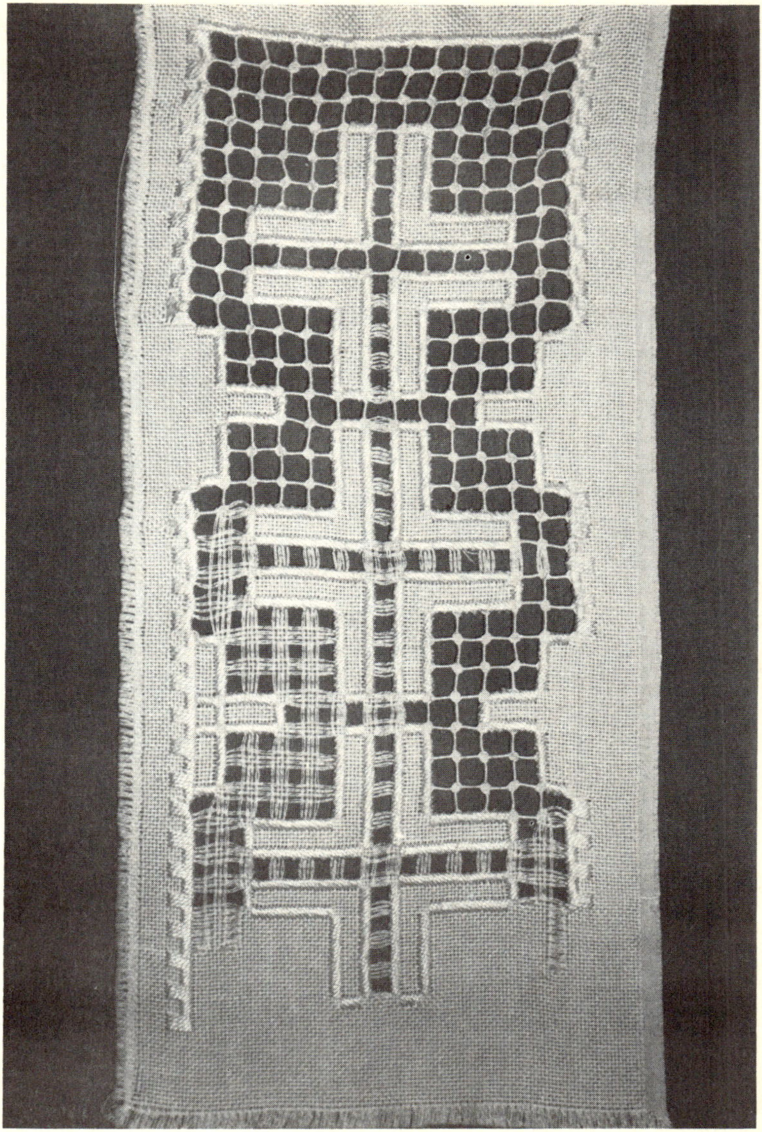

Dieses kleine stilisierte Blumenmotiv kann man auf vielerlei Arten zusammensetzen und damit die verschiedensten Arbeiten bereichern.

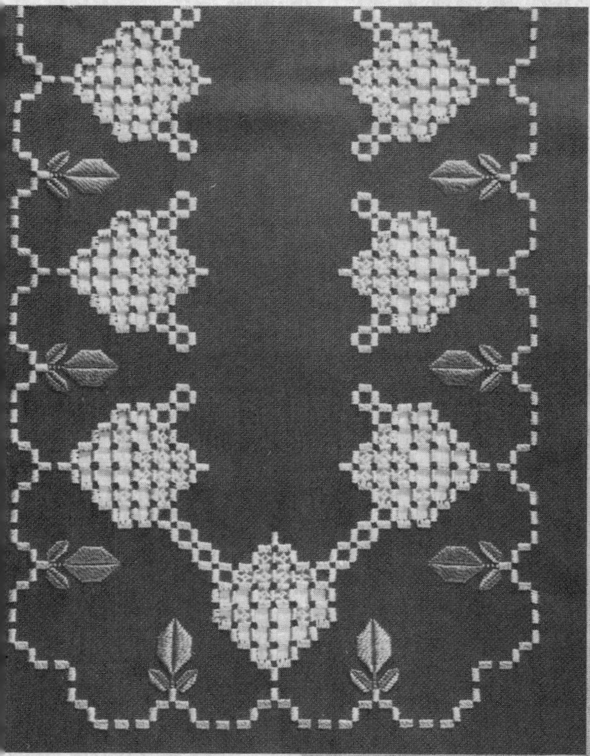

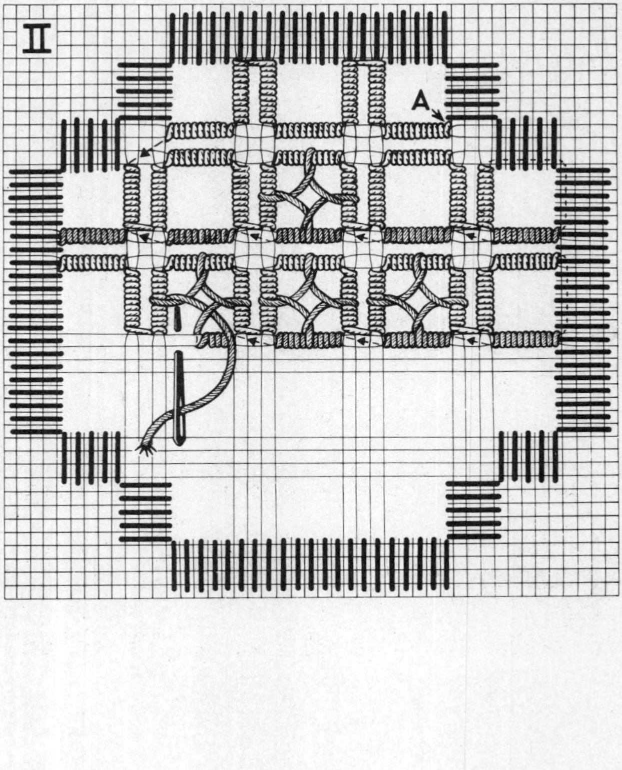
II
A

Eine Decke - gearbeitet um die Jahrhundertwende - mit vielen Zacken, gut erkennbare Hardanger-Arbeit.

Kleine Tasche für Handarbeiten oder Taschentücher.

Taufkleid von Carmen Sylvia, Königin von Rumänien – geboren 1843 in Neuwied.

Originalgröße

Gitterfüllung (S. 12)

Einfache Gitter (S. 10)

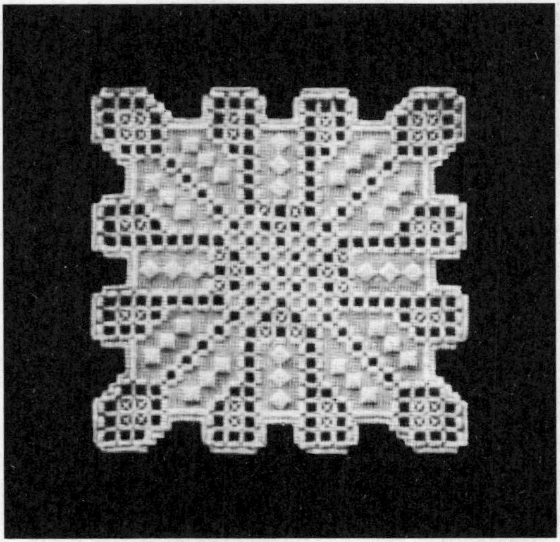

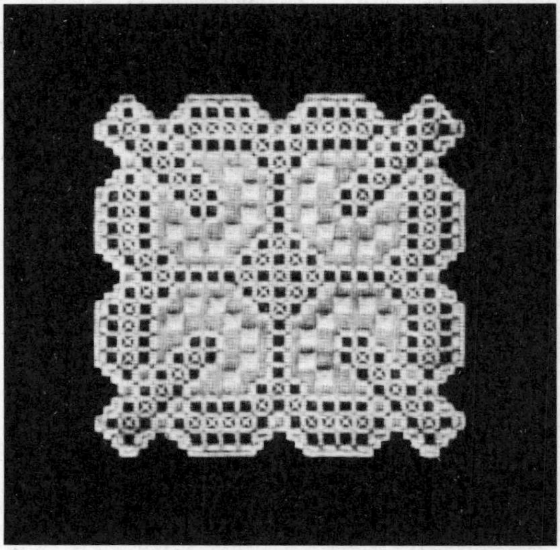

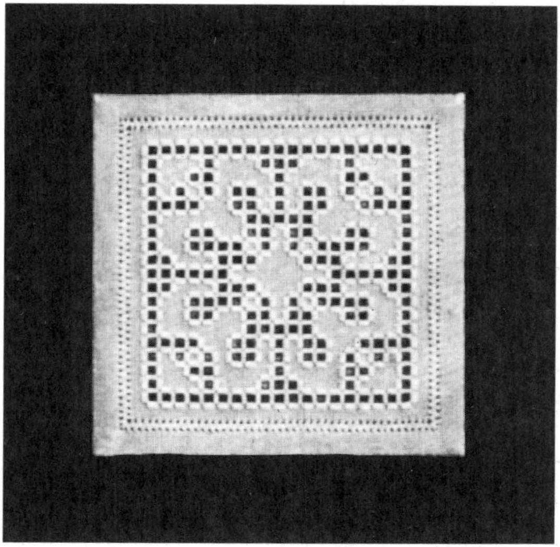

Stopfstichstege mit doppelt gedrehtem Schlingstich (S. 18).

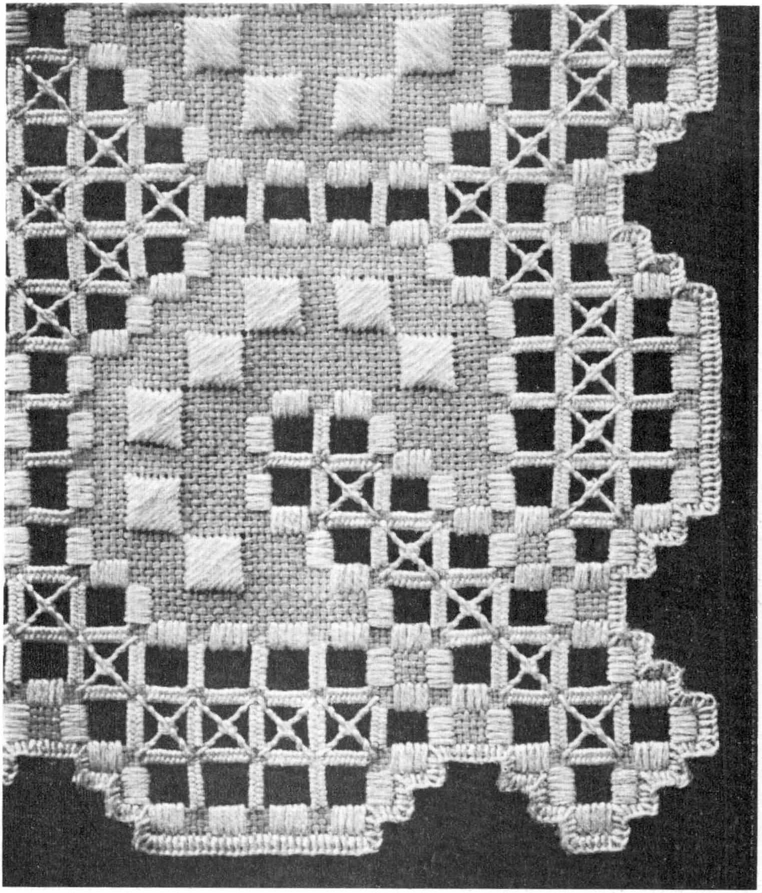

Stopfstichstege mit doppelt gedrehtem Schlingstich (S. 18).

Stopfstichstege (S. 14)

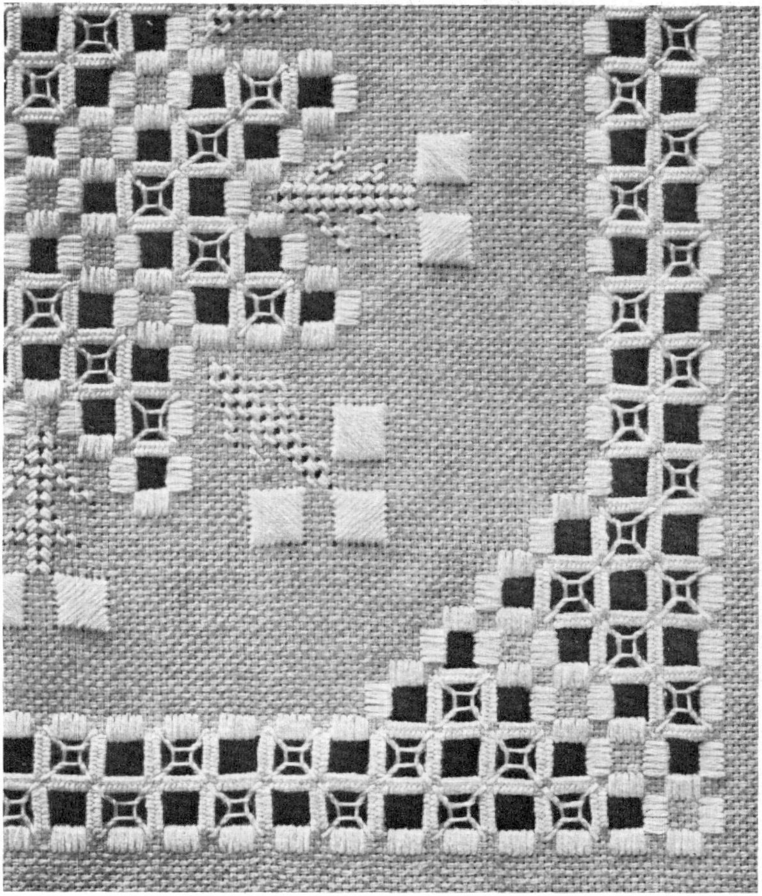

Stopfstichstege mit doppelt gedrehtem Schlingstich (S. 18).

Stopfstichstege mit doppelt gedrehtem Schlingstich (S. 18).

Einfaches Grundgitter (S. 21).
Kleinere Flächen mit Plattstich ausgefüllt.

Einfaches Grundgitter (S. 21).
Kleinere Flächen mit Sternchen ausgefüllt.

Die Gitter hier mit Spitzenstich ausgefüllt (S. 20).

Die Gitterfüllung mit Spitzenstich ausgefüllt (S. 20).

Hardanger wie S. 17.
Größere Zwischenfelder mit Zierstichen gefüllt.

Hardanger-Rechtecke mit einfachem schrägem Zierstich eingefaßt.

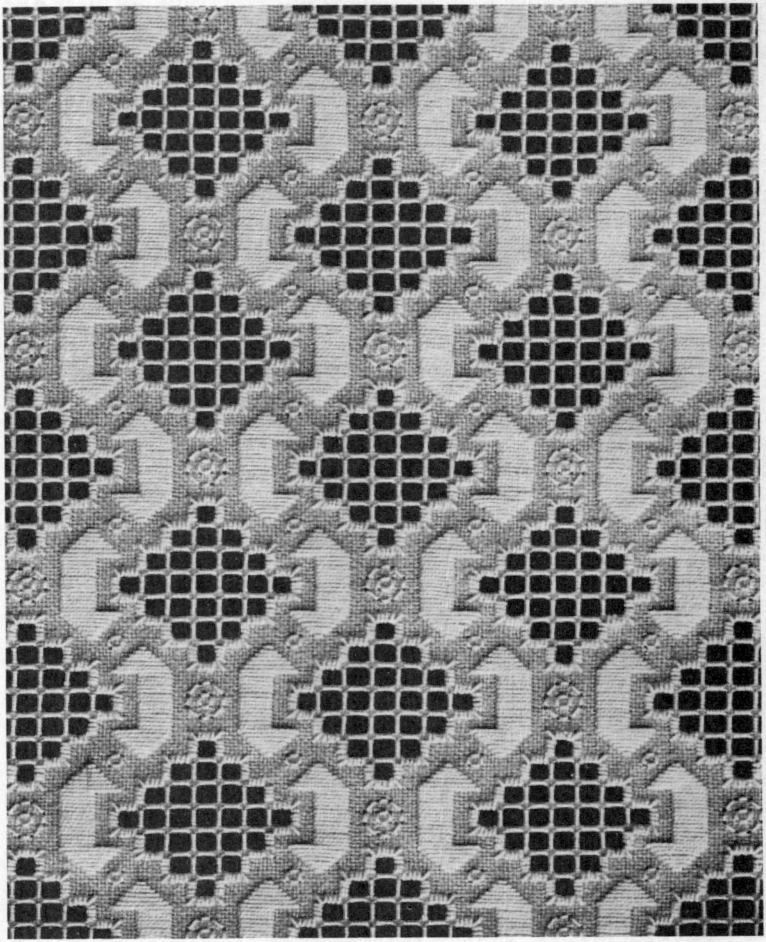

Auf den folgenden Seiten zeigen die Füllmuster ein schönes Zusammenspiel von Plattstich und einfachem Hardanger.

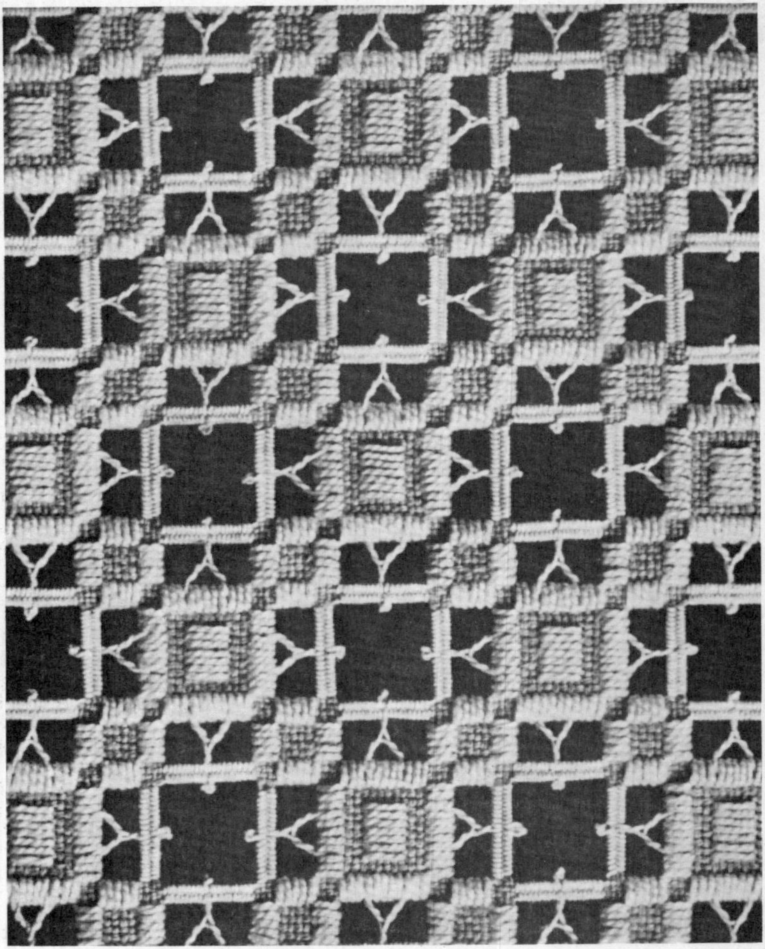

Stopfstich mit kleinem Picot (S. 15).

Fortlaufendes Muster

Spitzenstich wie S. 20

Gitterfäden einfach umspannt (S. 10).

Hardanger-Borte als Manschette eingesetzt.

Links: Hardanger-Borte in Biesen eingesetzt.

Borten für Decken und Kissen mit einer reichen Abwechslung und gutem Zusammenspiel von Hardanger und Platt- und Zierstichen.

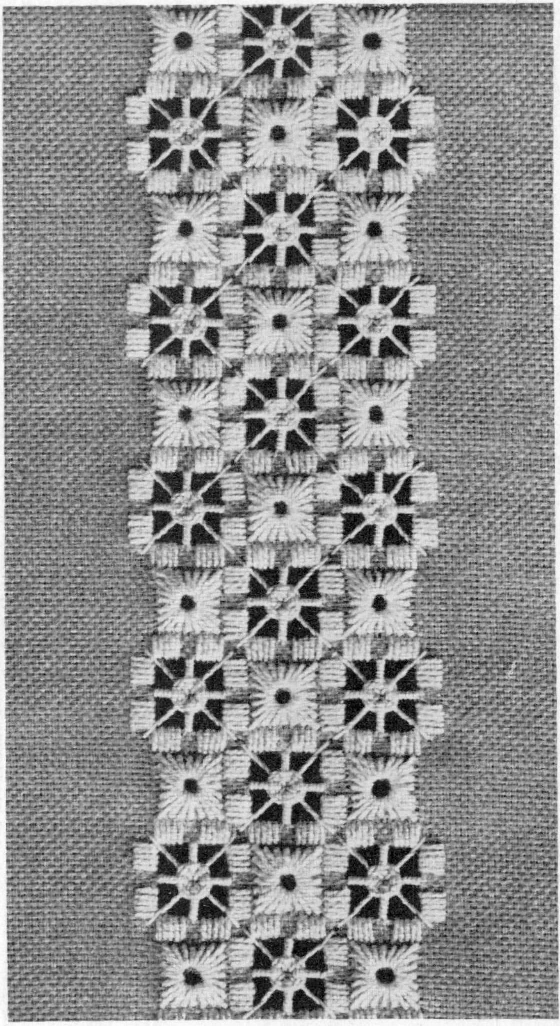

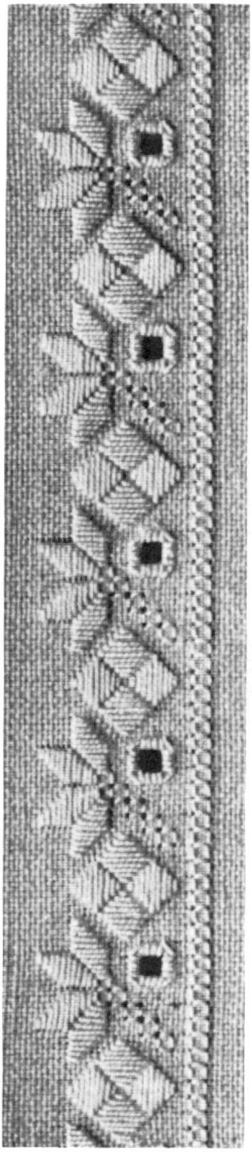

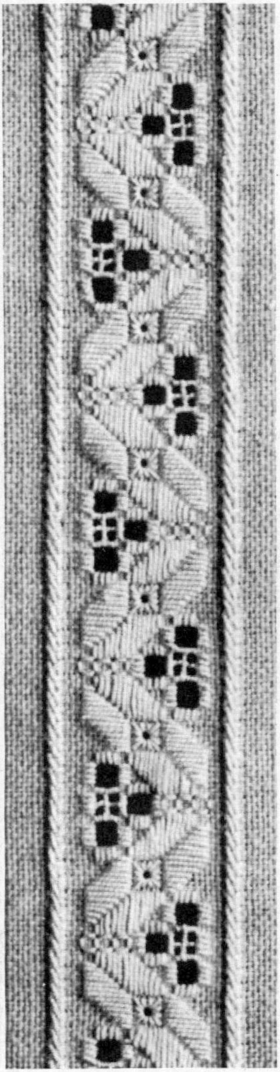

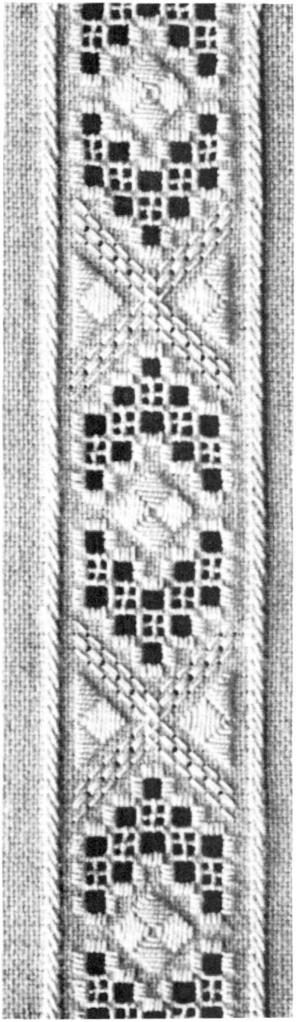

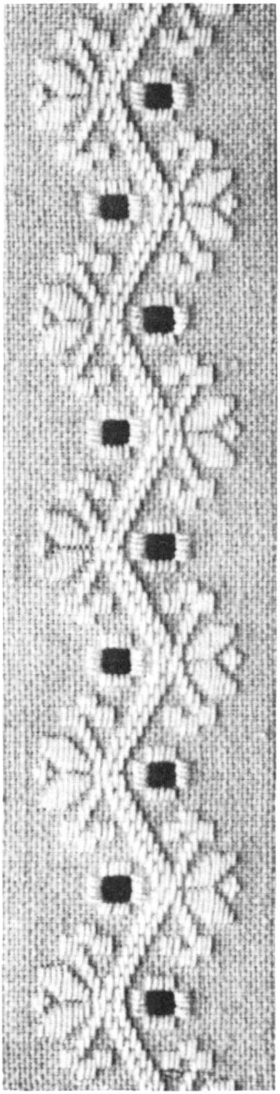

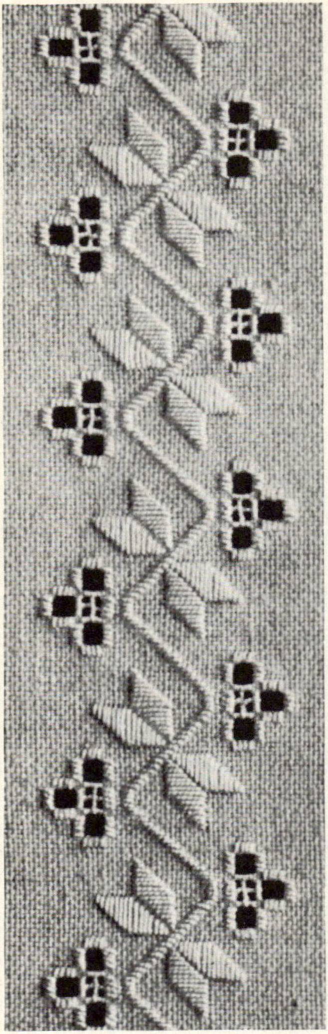

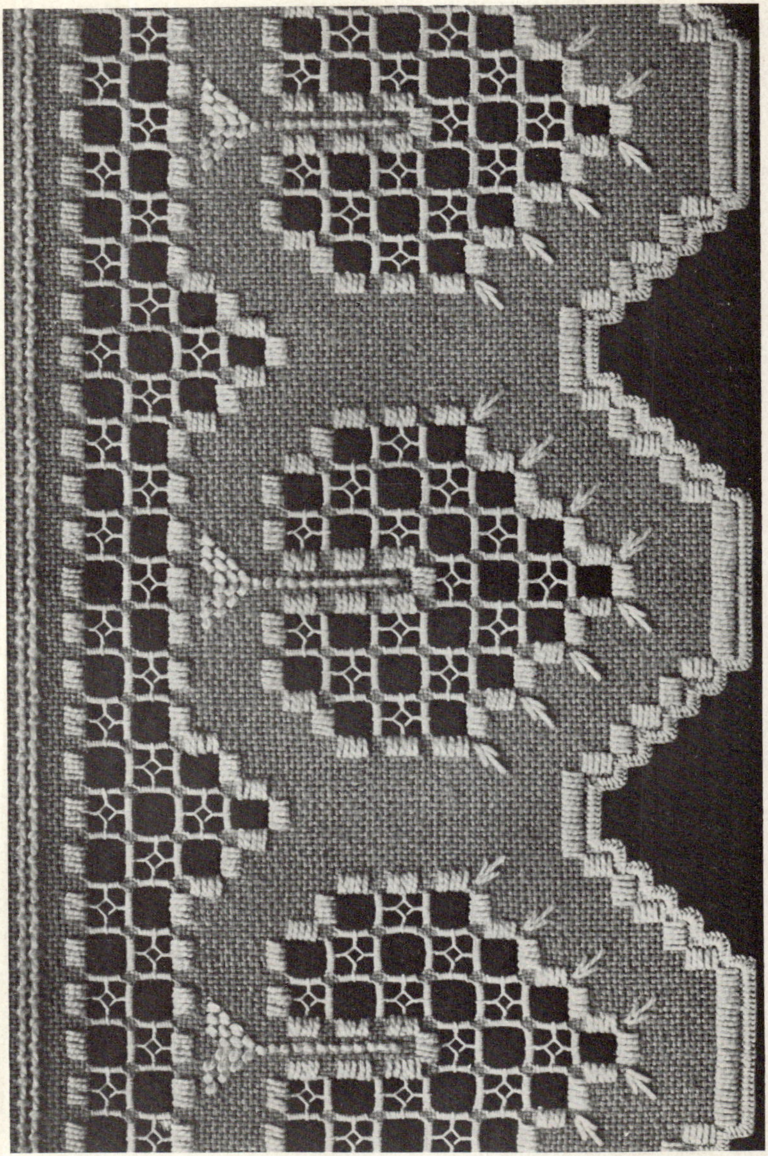

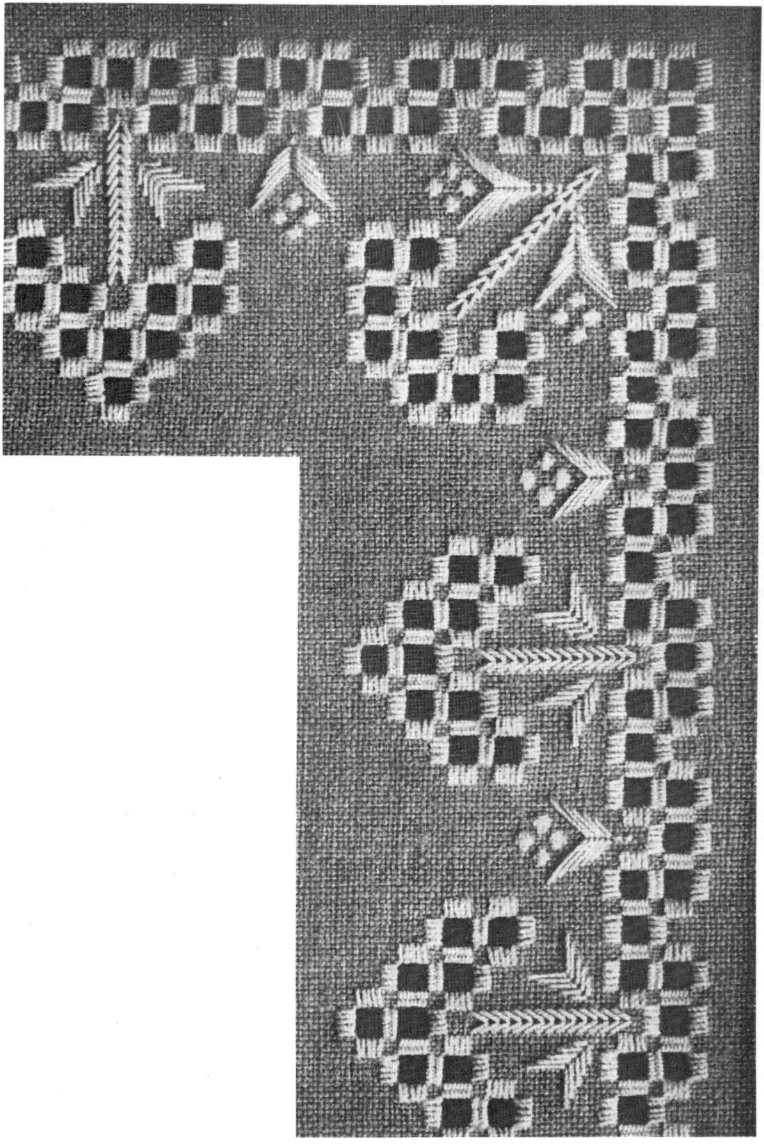

Rumänische Art, bunt gestickt

Rumänische Art, bunt gestickt

Mittelspinne (S. 23)

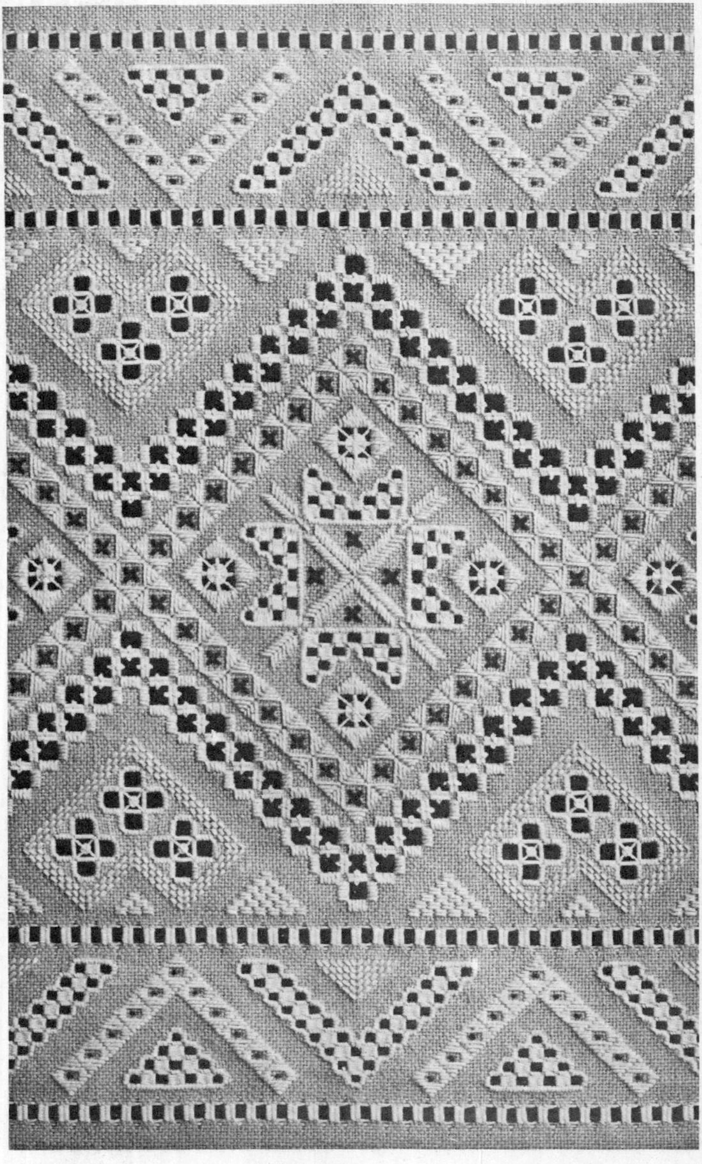

Sollten Sie im örtlichen Handel kein entsprechendes Material erhalten, können Sie sich an folgende Adresse wenden:
Fa. Berliner Handarbeiten
Hannelore Kopp
Uhlandstraße 46
1000 Berlin 15

MEZ
GARNE
Sicheres
Nähen –
wertvolle
Handarbeiten
MEZ AG · Postfach 1080 · 7800 Freiburg

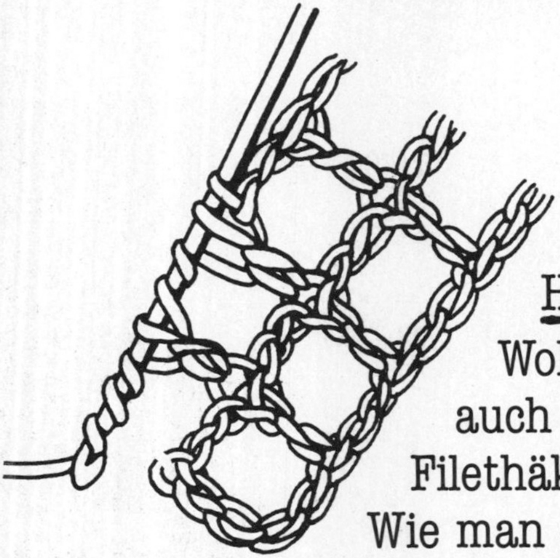

Häkeln.

Wollten Sie nicht auch schon immer Filethäkeln lernen? Wie man schöne Deckchen, Spitzen oder Einsätze häkelt, zeigen Ihnen die Bücher von Eva-Maria Leszner. Die Anleitungen sind in Bild und Häkelschrift dargestellt, so daß man sie schnell und einfach nacharbeiten kann.

® Ravensburger